Rapport

sur les mesures à prendre et les moyens à
employer pour mettre la France dans une situation
révolutionnaire le lendemain d'une insurrec-
-toriante effectuée dans son sein

BIBLIOTHÈQUE
DU PRINCE ROLAND BONAPARTE

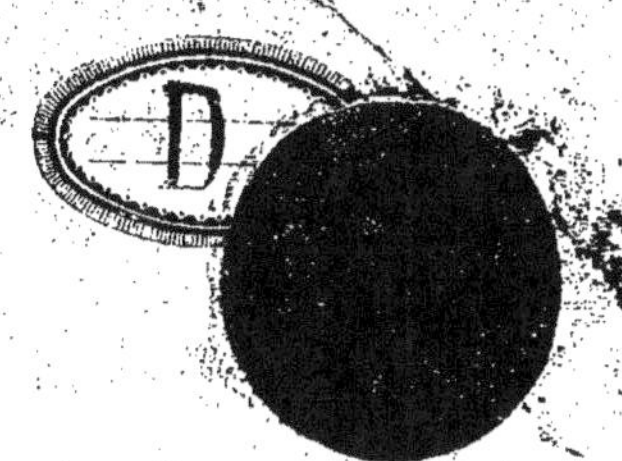

RAPPORT

SUR LES

MESURES A PRENDRE,

ET LES

MOYENS A EMPLOYER,

POUR METTRE LA FRANCE DANS UNE

VOIE RÉVOLUTIONNAIRE,

LE LENDEMAIN D'UNE INSURRECTION VICTORIEUSE EFFECTUÉE DANS SON SEIN.

LU A LA

SOCIÉTÉ DÉMOCRATIQUE FRANÇAISE,

A LONDRES,

DANS LA SÉANCE DU 18 NOVEMBRE, 1839.

LES DIVERSES CONCLUSIONS DE CE RAPPORT ONT ÉTÉ ADOPTÉES, APRÈS DISCUSSION, PAR LA

SOCIÉTÉ DÉMOCRATIQUE FRANÇAISE,

LE 14 SEPTEMBRE 1840.

DE L'IMPRIMERIE DE THOMPSON, 64, HOLBORN.

RAPPORT, &c.

Le 4 Novembre dernier nous avons été nommés par vous à l'effet d'examiner la question suivante :

" Quelles seront les mesures les plus promptes à prendre et les " moyens les plus efficaces à employer, pour mettre la France dans " une voie révolutionnaire, le lendemain d'une insurrection victo-" rieuse effectuée dans son sein? "

Vous avez désiré avoir de nous un travail préparatoire sur la réponse à cette question, afin que la discussion au milieu de vous en fut plus facile, et le résultat de celle-ci plus nettement exprimé... Ce travail, nous l'avons fait le mieux qu'il nous a été possible, et nous venons aujourd'hui vous le présenter.

Nous avons pensé qu'il fallait, pour que notre travail fut fait avec plus d'ordre et compris par vous avec plus de facilité, diviser la question mère, celle sur laquelle roule tout ce que nous dirons dans ce rapport, en une série d'autres questions, qui toutes auront leur solution respective.

Nous avons cru aussi qu'il serait bon de vous donner tout d'abord la série pure et simple de ces questions, c'est-à-dire dégagées de tout développement, afin que, par elles, vous pussiez embrasser d'un coup d'œil les rapports qu'elles peuvent avoir avec le sujet qui nous occupe; celui-ci touche à tout, il a donc une foule de ramifications qui seraient pour nous un labyrinthe inextricable, si la méthode ne venait à notre secours en étant pour nous le fil d'Ariane.

Voici ces questions, que, comme nous venons de vous le dire, nous allons d'abord formuler en masse, mais sur chacune desquelles nous reviendrons pour les développer et en tirer une solution.

1. Devra-t-on créer un Gouvernement Provisoire.

2. Si on l'établit, de combien de Membres devra-t-il être composé.

3. A quels hommes devrons-nous confier le maniement des affaires.

4. Quel devra être le mode d'élection des membres du gouvernement provisoire.

5. Quelle devra être la nature de la direction gouvernementale.

6. Quelle devra être la durée du gouvernement provisoire.

7. Quels seront les meilleurs moyens à employer pour diriger l'opinion publique.

8. Faudra-t-il avoir une armée dite *révolutionnaire*.

9. Les directeurs de la nation devront ils nommer eux seuls aux emplois publics.

10. Quels devront être les premiers actes du gouvernement.

11. Devra-t-on laisser au gouvernement la faculté d'agir comme il l'entendra pour la cause du salut public, ou devra-t-il avoir à côté de lui une autorité qui aura la mission de contrôler ses actes.

12. Que devra-t-on faire pour l'armée.

13. Quelle devra être l'attitude de la République devant les gouvernements étrangers.

14. Les récompenses à donner aux citoyens devront-elles être matérielles ou morales.

15. Quelle devrait être l'organisation du travail et des travailleurs en général.

16. Devra-t-on s'occuper immédiatement de l'application d'un nouveau système d'éducation publique. — Quel devrait être ce système.

17. Dans quelles limites devra-t-on comprendre la liberté de la presse.

18. Enfin, quels seront les meilleurs moyens à employer pour se procurer l'argent nécessaire aux dépenses publiques.

Voilà, Citoyens, ce dont on aura à s'occuper d'abord comme étant le plus important.

Dans ce que nous venons de dire vous avez dû remarquer : 1. Que nous n'avons pas créé pour les *Clubs* une question spéciale. La formation des clubs nous a paru tellement dans la nature des choses que nous n'avons pas pu nous imaginer qu'elle ne pourrait pas s'effectuer ; nous avons pensé d'ailleurs que la discussion à ce sujet était du domaine de la question qui traite de la *direction de l'opinion publique*, dont nous devons parler ;

2. Que malgré le désir que vous en aviez manifesté dans la dernière séance, nous n'avons pas cru devoir mettre en première ligne de discussion la question de l'*Organisation du Travail*, et cela, parceque nous pensons qu'il faut suivre la marche naturelle des besoins qu'on aura à satisfaire, marche que nous croyons avoir indiquée par l'ordre de nos questions.

Arrivons maintenant au développement et à la solution des questions.

Nous vous avertissons, Citoyens, que nos idées et nos opinions sur les choses dont nous allons parler, sont toutes marquées au coin du système *communautaire* ; que dans les moyens que nous vous proposerons comme devant être, selon nous, les meilleurs à employer le lendemain d'une insurrection, nous n'avons vu qu'une manière d'arriver plutôt, que par telle autre, à l'établissement de la Communauté, but vers lequel nous tendons, persuadés que nous sommes qu'il est, jusqu'à présent, le terme le plus avancé du progrès : nous y croyons donc fermement jusqu'à connaissance et preuve d'un meilleur possible.

Nous profiterons de cette digression pour dire encore une fois, que nous entendons par Communauté : " Participation de *tous* à *tout* ; c'est-à-dire participation de tous les hommes,

> " à l'éducation ;
> " au travail ou aux fonctions ;
> " aux jouissances

Partant de là nous abordons la première question.

1. DEVRA-T-ON CRÉER UN GOUVERNEMENT PROVISOIRE ?

Notre réponse à cette question est facile, et, nous en sommes persuadés, ne trouvera pas parmi vous d'opposition.

Oui. on devra créer un gouvernement provisoire. A ce moment toute direction antérieure ayant été renversée, il faudra nécessairement en mettre sur le champ une autre à sa place. Elle sera provisoire, en ce que, ne pouvant avoir de premier abord une forme fixe, on sentira, au bout d'un temps dont nous ne pouvons limiter la durée, le besoin de la remplacer elle-même par une direction plus régulière.

2. DE COMBIEN DE MEMBRES DEVRAIT ÊTRE COMPOSÉ CE GOUVERNEMENT ?

Si la confiance pouvait s'inspirer par un seul homme, notre avis serait qu'on mît un seul homme à la direction, qui aurait par là la plus grande unité et, partant, la plus grande force. Mais où trouver un homme assez connu des masses pour leur donner cette confiance ? D'ailleurs est-il un homme assez sûr de lui-même en forces physique, intellectuelle et morale, pour accepter l'exécution du travail énorme, et assumer sur lui la responsabilité de ses actes, à cette époque de transition.

D'un autre côté, partager le pouvoir en beaucoup de mains serait un fait qui pourrait avoir les plus dangereuses conséquences. Ainsi, dans une délibération du Conseil Directeur, sur une mesure énergique et nécessaire à prendre pour le salut public. qui nous dira que les avis ne seront pas partagés, parce que chez les uns l'ignorance fera qu'ils ne comprendront pas la nécessité de l'application de cette mesure ; parce que chez les autres celle-ci leur inspirera de l'effroi, ou froissera leur intérêt particulier, etc. Et puis, quelques-uns ne pourraient-ils pas se liguer, avoir leur coterie, leurs hommes comme on dit, qui profiteraient d'une occasion favorable pour les mettre, eux seuls, à la tête du pouvoir. Voyez alors quelle confusion, quelle anarchie ferait naître ce conflit d'intérêts et d'opinions, et quel mauvais effet en serait ressenti par le Peuple, dont il faudrait prendre continuellement tant de soin de diriger les idées et les actions.

Il faut donc chercher un milieu, et, pour le trouver, résoudre le problème suivant :

" Créer un personel gouvernemental, tel, qu'il soit, d'un côté,
" assez nombreux pour inspirer la confiance, assez probe et assez
" sûr de lui-même pour faire le travail voulu et accepter la respon-
" sabilité de ses actes ; d'un autre côté, qu'il soit limité de telle
" sorte, qu'il puisse toujours y avoir promptitude dans ses délibé-
" rations, unité dans ses décisions et dans leur effet."

Cela posé, nous pensons que le *triumvirat* (1) est ce qui serait le mieux dans les conditions dont nous venons de parler.

3. A QUELS HOMMES DEVRONS-NOUS CONFIER LE MANIEMENT DES AFFAIRES ?

Notre réponse à cette question sera simple.

Nous devrons confier la direction à des hommes qui, par leur parole, par leurs actions, jusqu'alors, nous auront prouvé qu'ils ont les meilleurs intentions en vue du peuple, les idées sociales les plus avancées, avec la ferme volonté d'employer tous les moyens de les faire triompher à temps : en un mot, nous devons confier la direction à des hommes *révolutionnaires* ou de progrès.

4. QUELLE DEVRA ÊTRE LE MODE D'ÉLECTION DES MEMBRES DU GOUVERNEMENT PROVISOIRE ?

Comme la grande majorité du peuple pourrait se tromper dans le choix des hommes qu'elle croirait dignes d'être appelés au pouvoir, et, par là, porter un grave préjudice à la Révolution, les Républicains, les auteurs de l'insurrection, devront prendre l'initiative à ce sujet en proclamant immédiatement comme direteurs de la nation les hommes qu'ils sauront être les plus capables de la diriger dans le sens de cette révolution.

Il est à supposer qu'on n'aurait rien à craindre des hommes mal intentionnés, parcequ'avec les mesures actives qu'on aurait prises, ils ne trouveraient pas l'occasion de présenter leur candidats.

On devrait ensuite faire afficher dans toutes les communes de la France la nomination au pouvoir des hommes qui auraient été appelés à diriger.

5. QUELLE DEVRA ÊTRE LA NATURE DE LA DIRECTION GOUVERNEMENTALE ?

Nous répéterons, qu'elle devra être essentiellement *révolutionnaire*, et ici nous prendrons occasion de dire ce que nous croyons qu'il faut entendre par les mots Révolution et Révolutionnaire.

---

(1) Ou gouvernement par trois hommes.

Révolution selon nous est : application successive d'idées nouvelles au *fait d'association* ou *société*, et révolutionnaire est ce qui réalise par des actes le principe de révolution.

6. QUELLE DEVRA ÊTRE LA DURÉE DU GOUVERNEMENT PROVISOIRE ?

Vous concevez citoyens, et nous vous l'avons déjà fait entendre, que nous ne pouvons pas limiter la durée d'un gouvernement provisoire. Nous dirons seulement qu'il faudrait qu'il durât le temps nécessaire à préparer les masses a accepter nos idées et à recevoir une application aussi étendue que le permettront les circonstances.

7. QUELS SERONT LES MEILLEURS MOYENS A EMPLOYER POUR DIRIGER L'OPINION PUBLIQUE ?

Nous placerons en première ligne les Clubs ; les Journaux ; les Théâtres et les Fêtes.

Les Clubs, dont nous n'avons pas mis en doute un seul instant la formation, et dans chacun desquels le gouvernement devra avoir soin de placer des hommes qui le comprennent et l'appuient pour les diriger, seront pour le Peuple un foyer énorme de Républicanisme. (1)

Les Théâtres, dont il faudra changer entièrement la nature actuelle, pour la remplacer par une destination toute du moment, seront un des moyens les plus puissans pour lui faire embrasser avec ardeur la cause révolutionnaire, parceque dans leur sein, il n'y a non-seulement la parole, mais encore l'action qui agissent sur lui.

Les Journaux, rédigés convenablement pour cette époque et

---

(1). CLUBS.

Voici, quant aux *Clubs*, comment il faudrait entendre leur formation, leur but et leur composition.

FORMATION. — 1. Dans chaque commune un local sera désigné par les autorités, pour être affecté à la réunion des Citoyens en *Clubs.*

2. Si dans une commune le nombre des Citoyens était trop considérable pour qu'il fût possible de les réunir dans un même local, ils seraient divisés en sections, qui alors auraient chacune leur local de réunion.

BUT. — Les Clubs seraient créés pour que dans leur sein les Citoyens pussent :

" Y exprimer leurs opinions ;

" Y recevoir les communications d'intérêt général ;

" Enfin y commencer ou y faire leur éducation politique, sociale, ~~pour~~ *par* la discussion des idées émises rélativement à celle-ci.

COMPOSITION 1. Chaque Club devra être composé :

a. Des Citoyens compris dans la Section ou dans la Commune et munis d'une carte de civisme qui devra être délivrée par l'autorité municipale.

b. D'un agent social.

c. D'un sténographe.

L'Agent Social près les Citoyens représentera le gouvernement, qui lui-même représente la Société ; il leur fera part des idées, des intentions de celui-ci : il leur donnera, autant que le per nettront les circonstances, l'explication des actes des directeurs.

Le sténographe prendra note de tous les discours qui seront prononcés pendant les séances des Clubs.

Il sera fait deux copies de ces discours.

Ces copies devront, après avoir été reconnues exactes, et signées par le Président et le Secrétaire du Club, être déposées, l'une aux archives de celui-ci, l'autre entre la main de l'agent zocial.

Observations. — a. Les Citoyens faisant partie d'un Club ne pourront être admis dans un autre Club que comme délégués.

Ils ne devront aussi y prendre la parole que conformément aux termes de leurs mandats.

b. Aucune association politique autre que les Clubs, ne pourra se former ni subsister qu'avec l'autorisation et sous la surveillance du gouvernement.

qu'il lira tous les jours, l'initieront à la connaissance des idées nouvelles.

Les Fêtes publiques, qu'il faudra toujours appliquer à la consécration d'un principe social, seront aussi un grand moyen d'action.

8. FAUDRA-T-IL AVOIR UNE ARMÉE DITE RÉVOLUTIONNAIRE ?

Nous croyons l'existence d'une armée révolutionnaire dangereuse, impolitique.

1. Dangeureuse, en ce que ce corps, par son titre et par sa position, tendrait continuellement à se faire *corps délibérant*, et vous ne voudriez pas de sanction ni d'initiative de la part d'une autorité qui ne serait qu'une partie de la nation, et pourrait se tromper dans la manière d'envisager l'application de telle mesure, ou l'emploi de tel moyen, et s'opposer à l'un et à l'autre quand ils seraient nécessaires.

Ce cas constituerait un *pouvoir dans le pouvoir*, et alors plus d'*Unité*.

2. Impolitique, en ce que l'armée révolutionnaire exciterait, sans doute, des haines de la part de l'armée de ligne.

D'ailleurs, nous croyons qu'on pourra armer le Peuple et le former en garde nationale : le Peuple armé et bien dirigé est, à notre avis, la veritable armée révolutionnaire.

9. LES DIRECTEURS DE LA NATION DEVRONT-ILS NOMMER EUX-SEULS AUX EMPLOIS PUBLICS ?

Nous croyons fortement qu'ils le devront. On a déjà proposé de laisser à la nation le soin de nommer aux emplois, par le moyen d'élections opérées dans son sein ; mais d'abord, quels temps précieux ne perdrait-on pas à attendre d'elle qu'elle choisît et qu'elle élût les hommes qu'elle voudrait placer aux emplois, quand, à cette époque, il faudrait tant d'accélération dans la marche des affaires. Quels dangers, ensuite, ne présenterait pas ce mode de nomination, une faible minorité possédant seule alors l'*intelligence sociale*. (1)

D'ailleurs, qui pourrait mieux juger de l'aptitude de tel ou tel homme à remplir une fonction, que les directeurs de la nation.

Certes, il y aurait certaines fonctions où tous les citoyens pourraient nommer, mais ce ne serait qu'à des fonctions tout-à-fait en dehors de l'action gouvernementale.

10. QUELS DEVRONT ÊTRE LES PREMIERS ACTES DU GOUVERNEMENT PROVISOIRE ?

Avant de répondre à cette question tachons de nous faire un tableau

---

(1) Qu'on ne perde pas de vue que l'époque dont nous parlons sera toute de *transition*, ce qui comporte un ordre de choses tout-à-fait irrégulier. Dans cette question nous ne voulons pas parler non plus des *Représentans* ou *Députés*, qui, plus tard, réunis en assemblée, devront, selon nous, gouverner la nation. Ces Députés devront être nommés par le Peuple, et leur élection préparée par les membres du gouvernement provisoire.

abrégé de la position dans laquelle se trouveront, à ce moment, les individus. Notre réponse en sera plus facilement comprise.

Le lendemain de l'insurrection le Peuple sera sur la place publique, sans travail et sans pain. Le commerce, ou ce qu'on appelle commerce, sera anéanti, ou, au moins, tout-à-fait arrêté, et une foule de positions, qui tenaient par lui, se trouveront dérangées. Beaucoup de riches, tous les nobles et les ex-gros fonctionnaires chercheront leur salut dans la fuite ; les plus fanatiques, cependant, resteront sans doute en France, pour tâcher d'y opérer une contre-révolution ; les intrigants ambitieux, et ceux-là sont le plus à craindre, parce qu'ils prennent tous les masques, essaieront d'arriver au pouvoir, et d'escamoter à leur profit les premiers résultats de l'insurrection ; les gouvernements étrangers se prépareront à nous faire la guerre, etc., etc.

Nous pensons qu'un gouvernement composé d'hommes comme nous les voulons, et investi des pouvoirs extraordinaires, devra :

1. Adresser au Peuple une proclamation dans laquelle il lui fera comprendre que lui, nouveau gouvernement, né du fait de l'insurrection qui vient de triompher, prend pour symbole et pour drapeau ces mots : *Égalité, Fraternité, Liberté* ; qu'il s'engage à faire tous ses efforts pour le mettre, lui Peuple, à même d'acquérir tout le bien-être que comporte l'application de ces principes ; et, enfin, qu'il le conjure de l'aider de toutes ses forces dans l'exécution du travail qu'il va entreprendre pour arriver à cette application.

2. Décréter l'abolition de la Monarchie, et proclamer la République.

3. Décréter que tout homme a *droit à l'existence*, et prendre des mesures pour assurer celle-ci ; et, entr'autres mesures, suspendre pour un temps dont les circonstances limiteront la durée, l'exportation des grains ; créer dans chaque commune ou dans chaque canton de la France, et mettre sous la surveillance des agens de l'autorité, un magasin où les propriétaires de blé et autres céréales devront déposer ceux-ci ; lequel blé ne pourra être vendu et retiré de ces magasins, que par une permission des agens dont nous avons parlé ; et, enfin, appliquer des peines sévères à tout individu qui en aurait ou accaparé, ou détruit, ou exporté.

4. Décreter l'abolition des impots sur les denrées consommées par le Peuple, et établir, en outre, un maximum sur ces mêmes denrées.

5. Décreter des peines aussi sévères que le permettront les circonstances contre les individus qui chercheraient à émigrer, ou qui, par quelque moyen que ce fût, essaieraient à rétablir l'ancien ordre de choses.

6. Nommer à la direction des ministères.

7. Changer ou rappeler les ambassadeurs près les puissances étrangères.

8. Déclarer, s'il y a lieu, que la *Patrie est en danger ;* que tout homme en état de porter les armes doit être soldat pour la défen-

dre ; que la France va devenir un immense arsenal : en un mot, remettre en avant le décret de Barrère.

9. S'occuper de la défense des places frontières, et de la place de Paris, s'il est jugé nécessaire de le faire; s'occuper aussi d'une nouvelle organisation de l'armée.   (Voir question 12.)

10. Décreter une nouvelle organisation de la Garde Nationale, ou si l'on veut *Civique*, dans laquelle devront être admis seulement :

1. Les citoyens qui auront fait preuve de civisme ;

2. Ceux qui, de tout temps, n'ont fait aucune opposition à la cause démocratique (1)

11. DEVRA-T-ON LAISSER AU GOUVERNEMENT LA FACULTÉ D'AGIR COMME IL L'ENTENDRA POUR LA CAUSE DU SALUT PUBLIC, OU DEVRA-T-IL AVOIR A COTÉ DE LUI UNE AUTORITÉ QUI AURAIT MISSION DE CONTROLER SES ACTES ?

Comme le gouvernement dont nous parlons sera composé d'hommes fermes, devoués et intelligens, et, comme nous l'avons dit, *hommes aux meilleures intentions*, nous ne voyons aucune nécessité, et nous voyons au contraire un danger, de lui imposer une surveillance officielle qui pourrait ne pas le comprendre ; et puis, nous croyons fermement que controler un pareil gouvernement, c'est arrêter sa marche, c'est paralyser son action (2).

Mais comme aussi des hommes, si bien intentionnés qu'ils soient, peuvent devenir peccables, et que la nation sera en droit de demander à ses directeurs des garanties sur la moralité de leurs actes, il faudra qu'il soit bien entendu que ces Directeurs devront, quand un gouvernement régulier aura remplacé leur gestion, et quelle qu'ait été la nature de leur conduite, comparaître devant l'Assemblée des Réprésentants, pour y subir un jugement de leurs actes. S'ils sont trouvés coupables, ils devront être punis; si, au contraire, leur conduite a été bonne, ce jugement ne sera pour eux qu'une sanction honorable de tout ce qu'ils auront fait. (3)

12. QUE DEVRA-T-ON FAIRE POUR L'ARMÉE ?

Le fait de l'insurrection ayant renversé tout ce qui était tête,

---

(1) Pour bien préparer aux élections des membres de la future Convention; pour s'assurer d'avance que la Constitution que donnera cette assemblée sera vraiment l'expression des idées et des besoins de l'époque, avec les moyens d'appliquer les unes et de satisfaire les autres; enfin, pour épargner un temps précieux, le Gouvernement Provisoire devrait faire aussi d'avance cette Constitution ; la faire discuter et accepter dans les clubs, qui ne nomeraient alors pour représentants que les hommes qu'ils sauraient être partisans de cette Constitution ; celle ci ne manquerait pas d'être sanctionnée immédiatement par la Convention qui viendrait après le Gouvernement Provisoire, puisque chacun de ses membres l'aurait acceptée peu de temps avant sa venue à la dite Convention.

(2) Au reste, le degré de confiance qu'on accordera au gouvernement, la somme d'appui qu'on lui prêtera, dépendront de l'efficacité des mesures qu'il prendra au premier abord; et il est à supposer que l'à-propos, l'énergie et la conscience qu'il déploiera dans ses actes seront tels, que la confiance et la force lui viendront de toutes parts, pour l'aider dans son œuvre, et qu'il sera alors inutile de créer un corps spécial pour le surveiller.

(3) Ce jugement fera naître aussi un rappel salutaire des principes révolutionnaires.

l'armés se trouvera, de premier abord, privée de commendants supérieurs et de second ordre, c'est à-dire de maréchaux, de généraux et de colonels, qu'il faudra remplacer, au moins partiellement, s'il y a lieu, par d'autres hommes choisis avec la plus grande circonspection sous le rapport moral, de peur des trahisons.

Il faudra ensuite faire une propagande active dans l'armée ; lui faire surtout sentir qu'elle tient à la nation, qu'elle vient d'elle ; qu'elle a mission de la défendre ; qu'elle a les mêmes intérêts, et que, par conséquent, elle doit avoir les mêmes principes.

Il serait bon aussi qu on modifiât sa manière de vivre sous le rapport matériel ; qu'on adoucit son régime pénitentiaire (1), en remplaçant, autant que possible, les punitions corporelles par des punitions morales ; qu'on fît disparaître, si on le pouvait, toutes distinctions, telles que *croix, médailles, rubans*, &c ; elles donnent souvent l'orgueil à ceux qui les portent, excitent l'envie de ceux qui ne les ont pas, et ôtent aux belles actions une grande partie de leur mérite. Enfin, il faudrait restreindre de beaucoup le personel des *états-majors*, qui auront toujours été jusque là des pépinières d'aristocrates.

L'armée devrait avoir aussi dans son sein des Représentants.

13. QUELLE DEVRA-T-ÊTRE L'ATTITUDE DE LA RÉPUBLIQUE DEVANT LES GOUVERNEMENTS ÉTRANGERS ?

Pour arriver à la solution régulière de cette question, il faut tenir compte de deux choses.

La premiere, c'est de quel œil les gouvernements étrangers verront notre Révolution.

La seconde, comment elle sera considérée par les peuples.

Les premiers verront dans son fait une atteinte mortelle portée aux principes par lesquels ils auront gouverné jusqu'alors, et feront tous leurs efforts pour l'anéantir, ou au moins pour en neutraliser les effets.

Les seconds la considereront sans doute, et avec raison, comme un moyen de s'affranchir du joug qui les opprime.

Cela posé, considérant :

Que la France, par les devoirs à remplir que sa révolution lui imposera, ne pourra pas rester neutre dans le travail social qui s'opérera à cette époque chez les différents peuples qui l'entourent;

Qu'elle devra, au contraire, accélérer de toutes ses forces et de tous ses moyens la marche de ce travail ;

Que l'expérience démontre qu'elle rencontrera chez ces peuples une grande sympathie et une communauté d'idées propres à ce qu'elle devra faire.

---

(1) Voici comment il serait bon qu'on entendît le mode d'application des peines dans l'armée.

1. Une Commission sera créée dans chaque corps pour juger les délits.

2. Elle sera composée d'officiers et des soldats, divisés par moitié.

3 Elle siègera tous les jours et prononcera sur les délits dans le plus bref délai, afin d'épargner aux soldats inculpés des longueurs qui pourraient leur être préjudiciables

4. Tout officier ou sous-officier qui trouvera un soldat coupable d'une faute pourra faire immédiatement détenir celui-ci, et jusqu'à ce que la Commission ait statué sur son sort.

5. Pendant le temps qui s'écoulera depuis le premier moment de sa détention jusqu'à celui du prononcé du jugement qui lui sera relatif, le soldat devra être traité avec tous les égards convenables.

Considérant encore, que la France sera, d'après toutes les prévisions, en état de déclarer immédiatement la guerre aux rois, de la faire et de la soutenir long-temps contre eux, s'il l'était nécessaire ;

Considérant enfin, que si la France mettait la moindre hésitation à faire cette déclaration de guerre, elle perdrait tout le bénéfice de l'actualité ; jetterait du doute dans l'esprit des peuples sur ses intentions, si bonnes qu'elles fussent d'ailleurs ; que ce doute nuirait à la cause révolutionnaire en ce que ces peuples, manquant de confiance en une force supérieure qui pourrait les aider dans leur affranchissement, resteraient dans une apathie qui les priverait pour un temps, toujours trop long, des moyens de profiter immédiatement des bienfaits sociaux qui pourraient déjà se réaliser à cette époque ;

Qu'au surplus, et que quels que soient les procédés dont la France pourra user envers les rois, ceux-ci armeront contre elle ;

Par ces motifs,

La République devra immédiatement déclarer la guerre aux rois ; renvoyer leurs ambassadeurs de sa capitale ; adresser à tous les peuples un manifeste vigoureux, dans lequel elle devra leur faire part des intentions positives où elle sera à leur égard, celles de s'imposer tous les sacrifices pour travailler à leur délivrance, et les inviter à lui préparer la voie qu'ils devront parcourir ensemble par une insurrection aussi prompte et aussi complète que possible ; et, enfin, enrôler et armer les Républicains étrangers, résidant à cette époque dans son sein, qui se présenteront pour aller porter cette insurrection dans leurs pays respectifs.

14. LES RÉCOMPENSES A ACCORDER AUX CITOYENS DEVRONT-ELLES ÊTRE MATÉRIELLES OU MORALES ?

Nous pensons qu'elles devront être morales : nous avons dit pourquoi. (question 12.) Nous croyons que la mention d'une belle action dans les journaux, lue dans tous les Clubs de la France et dans les camps, satisfera amplement le Citoyen qui l'aura faite.

15. QUELLE DEVRA ÊTRE L'ORGANISATION DU TRAVAIL ET DES TRAVAILLEURS EN GÉNÉRAL ?

Nous voici arrivés au développement d'une des questions les plus importantes et aussi les plus difficiles à résoudre. Dans nos conférences au sujet de ce rapport nous ne l'avons abordée qu'avec une extrême réserve, craignant à chaque instant de nous tromper dans la manière de l'envisager. Cependant nous nous flattons de lui avoir donné une solution rationnelle et satisfaisante.

Etablissons d'abord que nous voulons pour le Peuple, quant au travail : l'abolition de son exploitation par quelques hommes et dans l'intérêt de ceux-ci, pour la remplacer par l'exploitation aussi étendue que possible de tous les produits, par lui même et à son profit.

Voyons maintenant quels seraient les meilleurs moyens à employer pour le mettre dans ces conditions :

On a proposé de faire commanditer le travail par le gouvernement; " ainsi, a-t-on dit, le gouvernement donnera aux divers
" corps de métiers, de l'argent et des instrumens de travail; ces
" corps de métiers s'organiseront comme ils l'entendront et, puis-
" qu'ils exploiteront à leur profit, ils n'auront besoin d'aucune sur-
" veillance, en tant qu'exploitation. "

Fidèles à notre principe d'*Unité* et d'*Egalité* nous repoussons
ces moyens comme devant créer, par l'extension et la force qu'ils
donneraient à des parties de la nation, un *pouvoir dans le pouvoir*,
et comme devant créer aussi, par les richesses plus ou moins de-
unes et des autres, résultant de leur position plus ou moins avan-
tageuse, un antagonisme perpétuel entre ces diverses parties.

Nous pensons, nous, que pour éviter les dangers du premier
résultat et l'immoralité du second, le gouvernement devrait :

1. Se faire, au profit de la nation, premier manufacturier, directeur suprême de toutes les industries;

2. Qu'il devrait avoir une seule caisse et une seule direction pour
elles.

3. Comme moyen de circulation des produits, avoir des magasins où ils seraient déposés et vendus.

4. Comme moyen de fabrication de ces produits, de rassemble-
ment des travailleurs, et pour donner plus rapidement et plus complètement à ceux-ci le bien-être qu'ils sont en droit d'attendre
de la Révolution, avoir des maisons qu'on pourra appeler, si l'on
veut, *ateliers nationaux*, et où les travailleurs seraient occupés
chaque jour un espace de temps raisonnable, pendant huit heures
par exemple, et seraient rétribués *également*; où ils seraient nour-
ris et logés convenablement eux et leurs familles, et où, enfin, ils
recevraient des élemens d'instruction.

De cet arrangement, qui serait accepté nous n'en doutons pas, il
résulterait donc pour les travailleurs :

> Diminution de travail, et partant, travail raisonnable ;
> Nourriture saine ;
> Logement propre ;
> Education, instruction ;
> Satisfaction naturelle de se trouver réunis ;
> Toutes choses que nous pouvons résumer par ces mots :
> BIEN ETRE PHYSIQUE, INTELLECTUEL ET MORAL.

Pour les ouvriers cultivateurs, (car ce que nous venons de dire ne
s'applique qu'aux ouvriers travaillant dans les ateliers), nous pensons que pour les organiser dans les mêmes vues, le gouvernement
devrait commencer par leur faire cultiver les terrains nationaux,
qui seraient sans doute déjà considérables, puis, peu à peu, les autres
propriétés territoriales qu'il acquerrait successivement par achat ou
par d'autres moyens. Il devrait donc toujours y avoir la *maison
commune*, moins l'atelier, qui serait remplacé par une ferme où
seraient déposés les instrumens de travail et les produits agricoles.

Est-il à supposer maintenant que charger le gouvernement d'as-
seoir l'Organisation du Travail et des Travailleurs sur les bases
nouvelles que nous avons proposées, c'est le placer vis-à-vis d'em-

barras insurmontables, à cause des travaux énormes que cette organisation comporte et qu'il ne pourrait accomplir à lui seul ? Quant à nous, nous ne le pensons pas, parce que nous croyons que ces travaux devront être faits par une administration speciale, créée par le gouvernement. et sur laquelle celui-ci n'aura qu'une surveillance active et sévère à exercer.

Cependant, comme rien, par rapport au sujet qui nous occupe, ne serait établi définitivement dans les premiers temps de la Révolution, le gouvernement pourrait laisser subsister des associations collectives industrielles, à la condition bien expresse, toutefois, que tous les associés participeraient également aux bénéfices de l'association.

16. DEVRA-T-ON S'OCCUPER IMMÉDIATEMENT DE L'APPLICATION D'UN NOUVEAU SYSTÈME D'ÉDUCATION PUBLIQUE?—QUEL DEVRAIT ÊTRE CE SYSTÈME ?

L'Education, pour parler en termes genéraux, consiste dans les soins qu'on doit avoir vis-à-vis de l'homme pour le mettre dans les *conditions de sa nature.* Ce peu de mots suffisent, nous le pensons, pour faire comprendre, qu'on devra s'occuper immédiatement de l'application d'un système d'Education publique.

Quel devrait être ce système ?

L'Education, comme l'homme qu'elle forme, peut être divisée en trois parties, représentant chacune un besoin à satisfaire. Les voici :

> 1. Partie physique ;
> 2. Partie intellectuelle ;
> 3. Partie morale.

Ces parties, alimentées par la nourriture qui leur est propre, produisent :

> la 1. la vigueur du corps ;
> la 2. l'instruction ;
> la 3. la sociabilité, le dévouement.

Nous considerons la troisième de ces parties, (la partie morale et ce qui en découle,) comme éminemment supérieure aux deux autres, et nous ne voyons dans le développement et le perfectionnement de celles-ci qu'un moyen de développer et de perfectionner aussi la nature morale chez l'homme.

Voici maintenant les moyens par lesquels nous croyons qu'on pourra développer chez les individus les différentes facultés dont nous venons de parler.

Pour plus d'ordre nous diviserons le temps d'éducation, (surtout pour le partie physique et la partie intélectuelle) en deux âges :

> 1. De la naissance à cinq ans,
> 2. De cinq ans jusqu'à leur sortie des collèges publics.

Nous n'avons pas cru qu'il nous appartenait de déterminer l'âge auquel les individus devront sortir des différentes écoles où nous croyons qu'ils seront placés pendant leur éducation sous le rapport intellectuel. Nous n'avons pas non plus indiqué dans quels lieux des départements devraient être établies ces écoles ; quel serait leur règlement etc. Nous avons pensé que ces détails ne jetant qu'un faible jour sur la question qui nous occupe en ce moment, il était inutile de les mentionner ici.

Nous allons donc continuer de parler en termes généraux.

Pendant la durée du première âge, les enfans devront être élevés par leurs parens, ceux-ci étant les meilleurs éducateurs pour cet âge. Cependant il devra y avoir dans chaque commune un lieu où les parens pourront, s'ils le veulent, mettre leurs enfans pour les y élever en commun. La surveillance du lieu devra être confiée à un commissaire éducateur.

A l'âge de cinq ans les enfans devront être retirés de leur parens pour être placés dans les écoles publiques. Cependant, si après une enquête sévère et impartiale, les médecins constataient que tel enfant, à cet âge, fût d'une nature trop maladive pour lui permettre de se livrer aux travaux de l'école où il devrait être placé, s'il était en bonne santé, ses parens devraient avoir la faculté de le garder chez eux pour le soigner.

On devra, pour les enfans des les écoles et sous le point de vue physique :

Satisfaire aussi complètement que possible à tous leurs besoins.

Sous le point de vue intellectuel :

Développer leur intelligence en leur donnant graduellement des connaissances aussi étendues que possible dans les sciences, dans les arts et dans les métiers.

Sous le rapport moral :

Leur inculquer les principes du Républicanisme, et surtout leur répéter sans cesse qu'ils sont égaux, qu'ils sont frères, et, comme tels, qu'ils doivent *s'aimer ;* qu'ils se doivent tout entiers à la société, qu'ils ne doivent reculer devant aucun sacrifice, pour l'accomplissement d'un acte, quand l'Humanité le commande : en un mot, il faudra leur faire considérer le dévouement *comme un fait régulier.*

L'éducation devra être *une* ; elle sera appliquée à *tous.* Les écoles dont nous avons parlé seront créées par le gouvernement, et dirigées et surveillées par ses agents.

Il suit de ce que nous venons de dire, qu'un père ne devra pas avoir le droit d'instruire ni d'élever son enfant à sa guise ; vous concevez à quels dangers un pareil droit exposerait la génération. En effet, des individus pourraient imprimer dans le cœur de leurs enfants des idées d'égoïsme, d'autres ne leur donneraient qu'un demi savoir, qu'un demi dévouement, et la génération, au lieu d'être devouée, intelligente, régulière, ne serait qu'un composé d'élémens qui se choqueraient par leur hétérogènéïté.

Nous ne croyons pas que l'enseignement d'un déisme soit nécessaire dans l'éducation. Cela ne veut pas dire que nous n'ayons pas de *religion* : nous en avons une, mais nous la puisons dans notre cœur ; son nom, c'est la *Sympathie ;* son culte c'est la *Sociabilité,* c'est la *Fraternité,* c'est le *Dévouement.*

17. DANS QUELLES LIMITES DEVRA-T-ON COMPRENDRE LA LIBERTÉ DE LA PRESSE ?

Nous pensons que tout article de journal, toute brochure, tout livre ou tout pamplet, qui, par les idées qu'il contiendrait, tendrait à faire revenir à l'ancien ordre des choses, devrait causer la poursuite et la punition de son auteur comme contre-révolutionnaire.

18. QUELS SERONT LES MOYENS A EMPLOYER POUR SE PROCURER L'ARGENT NÉCESSAIRE A TOUTES LES DÉPENSES PUBLIQUES ?

Nous pensons que les meilleurs seraient :

1. Une émission de papier monnaie qui serait une représentation réelle soit du sol, soit de l'industrie ;

2. Une séquestration des biens appartenant aux familles des individus ayant participé aux actes gouvernementaux depuis 1793 ;

3. La capitalisation de l'impôt dans certains cas ;

4. L'abolition de l'hérédité des fortunes en ligne collatérale, même au premier degré ;

5. L'appropriation, par l'état, de la portion disponible dans les héritages en ligne directe ;

Enfin le rapport de tous les impôts qui pourront être applicables sans gêner le Peuple ;

Puis la nation pourrait compter au nombre de profits à faire :

a. Une immense diminution des traitements énormes de divers employés.

b. L'abolition immédiate et entière de toutes les pensions et tous les traitemens alloués au clergé.

Voilà Citoyens, le Rapport que nous avions à vous faire. L'impartialité et la franchise ont présidé à l'émission des idées qu'il contient. Si nous n'avons pas donné à certaines questions tout le développement que vous en attendiez, c'est que nous avons pensé que vous seriez plus habiles à le faire dans la discussion qui, à propos de ce travail, va s'ouvrir au milieu de vous.